Matthieu Percy

Du trauma au Nirvana

Récit - Essai

Pour toute information, communication et demande à l'auteur :

Matthieupercy-scriptamanent.be

Écrivain – Rédacteur – Biographe – Auteur-compositeur-interprète

Édition : BoD • Books on Demand, 31 avenue Saint-Rémy, 57600 Forbach, bod@bod.fr
Impression : Libri Plureos GmbH, Friedensallee 273, 22763 Hamburg (Allemagne)
ISBN : 978-2-8106-2407-2
Dépôt légal : Février 2025

Au centre hospitalier du Domaine.

À Mélanie, Laurence, Maylis, Alexis, Cristina, Joël,

et tou(te)s celles et ceux que je ne citerai pas ici mais que je prie

de s'inclure dans ces lignes.

À ces personnes qui consacrent une partie de leur âme pour

réparer celle des autres.

À Frank, Julien, Christopher, Mathieu, Sarah, Vanina, Luka,

Florian, Nicolas, Thomas, Stephen, ...

À la longue liste de ceux qui comprendront ce récit mieux que

quiconque.

À tous ceux que j'aimerais prendre par la main.

Ceci n'est pas une fiction. Tous les faits que vous lirez dans ces quelques pages se sont réellement produits. La subjectivité, elle, est forcément présente dans la manière de les présenter tels que je les ai vécus. Les conclusions que j'en tire ont été influencées par les rencontres et échanges que j'ai eu la chance de vivre mais n'engagent que moi.

Lundi 13 février 2023. Hier, j'ai eu 29 ans, et je ne pensais pas que ma vie s'apprêtait à être chamboulée de manière si particulière. En mal ? En bien ? Tout est une question de temporalité ; mais si je couche mon histoire sur papier, c'est qu'aujourd'hui, j'en ressors grandi.

Au travers de ce récit, je vous invite à partager une aventure absurde mais bien réelle, des détresses et des progrès, des émotions et des réflexions, une certaine remise en question qu'on appelle psychologie et, je crois, spiritualité.

Entendons-nous bien : je ne suis ni psychologue ni psychiatre, n'ai aucune formation dans ce domaine. Je prétends encore moins être détenteur d'une quelconque vérité absolue. Simplement, j'en ai appris beaucoup sur le sujet et sur moi-même en surmontant ce trauma. C'est ce témoignage que je vous propose de découvrir.

Le décor est posé, sortons les loups de la cave.

Chapitre 1

Le syndrome de Pierre Richard

I

Gen Y

J'ai toujours eu beaucoup d'affection pour les anti-héros à qui tout réussit. Le boutonneux de la classe qui finit par séduire, un peu malgré lui, la plus belle fille du collège dans cette comédie américaine pour adolescents. Le scientifique raté, mis au banc des charlatans, qui prédit la prochaine catastrophe mondiale et sauve l'espèce humaine toute entière. Le petit délinquant paumé qui, pour recoller à ses valeurs, obtient sa rédemption en devenant la chaîne ouvrière de la justice. Celui sur qui tombe systématiquement toutes les bizarreries du monde au point qu'à la longue, il aborde tout avec légèreté et s'en retrouve des plus épanoui.

Le maladroit bienheureux, le malchanceux, la chèvre qui tombe dans tous les écueils mais à qui chance et malchance offrent plus encore que ce qu'elle espérait. Les Pierre Richard.

Pierre Richard, cette fois, c'est un peu moi.

Je m'appelle Matthieu, j'habite une grande et vieille maison à Ottignies, en Belgique, à deux pas de la gare la plus fréquentée de Wallonie. La façade est de briques rouges et les châssis en bois supportent de simples vitrages. Du perron descendent quatre marches dont les plus chanceuses sont recouvertes aux trois-quarts de petits pavés gris carrés et plats. À l'intérieur, le salon s'ouvre sur une large et haute fenêtre côté rue. Les tentures usées y restent presque toujours fermées pour se mettre à l'abris des regards des passants indiscrets.

Quand je suis à la maison, je passe le plus clair de mon temps dans le – vieux, lui aussi – fauteuil relaxant. Bien en face de la télévision, la table basse à portée de bras. J'habite seul depuis que mes colocataires sont partis tour à tour. Ou plutôt que je les ai invités à le faire. S'était installé en moi la volonté de vivre seul, en adulte. Je n'y étais sans doute pas prêt.

J'ai soufflé dignement mes 29 ans bougies dans la nuit de samedi à dimanche.

Quand on se sent obligé de préciser "dignement", c'est souvent que ça ne l'était pas totalement. Trop arrosé, trop déconné. Trop dangereux sur la route, aussi. On ne s'en rend vraiment compte qu'après avoir désaoulé, je plaide coupable de toute façon.

Un peu trop... tout.

Je passe le dimanche à matin à maudire mon mal de crâne et l'après-midi à bénir bières et hosties de le faire passer. Du gras, un peu d'ivresse et c'est reparti pour un tour ! Après tout, même si je suis seul, c'est mon anniversaire aujourd'hui !

Dimanche, 22h00. Je me suis écroulé dans mon lit depuis peu quand on sonne à la porte.

"Oh tant pis, je ne vais pas voir, c'est pas une heure pour sonner chez les gens".

Cinq secondes de réflexion.

"Allez, je vais quand-même jeter un œil".

Les cinq secondes de réflexion ont été trop longues, je n'aperçois que deux ombres s'éloignant d'un bon pas. Un grand bedonnant et un petit trapu. Ils ont l'air d'humeur guillerette et détendue dans le froid et la lumière jaune des lampadaires qui éclairent approximativement le trottoir, démarche à peine lente et pas tout à fait droite.

Le lendemain, lundi 13 février 2023, 23h00. Une bonne nuit, une longue journée de travail et quelques doses d'alcool bien méritées plus tard.

"Bien méritées" ... Vraiment ? N'est-ce pas là plutôt une punition dès lors que la consommation dépasse le raisonnable ? Une autodestruction lente en partie consciente, même si cette partie peut être infime ? Trêve de transgression.

Je suis de retour dans mon lit et fait ce que nous, les demi-jeunes, la *Gen Y*, les éternels questionneurs insatisfaits du soi et de l'univers, faisons de mieux : scroller, dévorer du contenu inintéressant sans même d'ailleurs s'y intéresser, des vidéos de chats acrobates et des commentaires de gens qui s'insurgent contre ceux qui s'insurgent dans leurs commentaires.

II

Call 911

23h15. Une vitre vole en éclat. L'aventure commence. Dix secondes de silence total s'ensuivent. Dix secondes durant lesquelles le temps se déforme, s'éternise et se raccourcit à la fois. Dix secondes pour prendre une décision : que faire ? Déjà des bruits de pas au rez-de-chaussée. Je suis au premier étage, me v'la bien avancé. Des voix : ils sont plusieurs. Deux ? Trois ? Plus ?

Je sors pour les effrayer ? Je ne ferais pas peur à une mouette.

Je fais le mort, je me cache ? Impossible dans ma chambre, il faudrait que je sorte. Trop risqué, je pourrais les alerter de ma présence à chaque chuintement de plancher et grincement de porte.

Dix secondes pour me décider à appeler la cavalerie. Chuchotant dans mon lit, l'oreille gauche tendue au maximum en direction du couloir, la droite s'en remettant à la standardiste au bout du fil.

L'attente. Une attente pesante. Je tente de suivre le parcours des intrus aux claquements des carrelages dont les joints ont sauté dans le hall et la cuisine. Aux sons plus sourds des bottines sur le lino du salon et de la salle à manger.

Si ce fut court, j'ai tout de même largement le temps d'en vouloir à Einstein et sa relativité.

Pas 5 minutes se sont écoulées depuis mon appel à l'aide quand des pinceaux de lampes de poche filtrent au travers du chambranle de porte. Les policiers ? Les intrus ? Je n'ai pas la réponse. Où sont-ils désormais, d'ailleurs, ces violeurs de domicile ? J'ai entendu des bruits, j'en ai sans doute inventé d'autres. Tout passe par ma tête. Sont-ils armés ? Sont-ils de l'autre côté de la fine cloison de ma chambre ? Pourquoi ont-ils trouvé en ma demeure la cible du casse idéal ?

"Y a quelqu'un ?".

C'est la police.

"S'il y a quelqu'un, signalez-vous et présentez-vous, les mains visibles !".

C'est la police, et pourtant je ne suis pas rassuré. Si ces gars mal intentionnés sont juste devant ma porte, l'option de la prise d'otage est leur seule option s'ils espèrent s'en sortir sans menottes au poignet. Alors, j'attends un peu plus. Je me tais malgré les appels. Je tremble comme une feuille morte en plein automne. Je devine les lampes évoluer, je perçois le déplacement des voix. "Rien dans la cuisine !" J'entends les agents passer de pièce en pièce. "Rien dans la cave !". "Rien dans la salle de bain !" "Rien dans..." "Les mains en l'air !!".

III

Rien à déclarer

C'est fou ce qu'on se sent bête à cet instant précis. A moitié nu, tremblant et transpirant à chaudes gouttes, la respiration courte quand elle n'est pas à l'arrêt, les mains en l'air face au canon d'un glock pointant droit à la tête. C'est dans cette posture et sans tarder que je décline mon identité et justifie mon silence d'un trait, sans attendre de question. Présentations faites en plus ou moins bonne et due forme, j'ai ordre de patienter là, le temps que les dernières pièces soient inspectées. J'en profite pour rassembler mes idées et quelques vêtements que j'enfile à la hâte : un training gris trop large et détendu, mon sweat à capuche de la veille et des chaussures sous lesquelles je ne mets pas de chaussettes.

Le danger est levé, je suis invité à descendre au rez-de-chaussée où je suis surpris de croiser un commissariat entier dans ma maison, du moins c'est l'impression que cela me donne.

"Au moins, ils ne m'ont pas pris à la légère !", m'entends-je penser.

Tous sont calmes et lucides. Un sentiment étrange de décalage me saisit, entre ces hommes et femmes bien ancrés sur leurs appuis et mes jambes flageolantes. Le sentiment d'être toujours dévêtu les bras en l'air.

Les policiers sont sincèrement déçus de n'avoir pas pu coincer les malfaiteurs, de peu. La cheffe de l'intervention, une jeune blonde au charme certain, me confie même les avoir entendus en arrivant sur place. Qu'ils avaient patienté quelques dizaines de seconde à l'extérieur pour assurer une pénétration en toute sécurité. Que ce délai avait dû être suffisant pour que les cambrioleurs profitent d'une échappatoire.

Alors que ses collègues terminent de sécuriser les environs et interrogent les voisins réveillés par le raffut, je vérifie avec elle mes effets personnels. À sa grande surprise, autant qu'à la mienne, rien n'a disparu et, à l'exception de la fenêtre adjacente à la porte d'entrée, en mille éclats, rien n'a bougé. Mes sauveurs sont arrivés trop vite.

Ma déposition récoltée, ils plient bagages en m'assurant que les malfrats ne reviendraient plus cette nuit, tandis que je les remercie vivement du bon boulot effectué et surtout de leur rapidité.

L'histoire aurait dû s'arrêter là. Sauf que c'est ici que Pierre Richard et ses incongruités font leur apparition. Comme dans les films que me faisaient fièrement découvrir mon père. Comme dans les films mais Pierre Richard, c'est moi, et je suis de chair – de poule – et d'os.

IV

Alice, les rats et le loup

Une cigarette et quelques messages envoyés à des amis plus tard, je me décide à descendre à la cave pour y ramasser des planches et des clous en vue d'une réparation de fortune de la vitre brisée. "Y a-t-il des rats par ici ?", me dis-je sans prêter plus attention aux frottements légers du sol, probablement les pattes des rongeurs sur la terre battue. "On a bien eu des crapauds à plusieurs reprises, pourquoi pas des rats ?"

En remontant les bras chargés, par habitude, je fais glisser le loquet bloquant l'accès à l'escalier qui plonge dans la pénombre. Je réveille à coups de marteau les derniers voisins au sommeil lourd et m'affale dans mon fauteuil – toujours le même –, incapable de trouver les bras de Morphée dans de telles circonstances. C'est parti pour quelques épisodes d'*Alice in Borderland*. Quelle merveilleuse idée.

00h30, premier épisode. La brutalité de la fiction coréenne m'apaise. Comme si l'on pouvait toujours se rassurer en pointant pire que soi. Foutaises.

1h20, deuxième épisode. Est-ce le scénario de la fiction qui me rend mal à l'aise ? Ou celui de la réalité qui me rattrape ? Je crois entendre à nouveau des bruits dans la maison. Sans même devoir faire l'effort de m'en convaincre, je les classes "affaires sans suite". La maison est vétuste, craquements et claquements y sont courants. Et puis, ça rend parano ces histoires, et je refuse de l'être !

2h10, troisième épisode. J'interromps de temps en temps la lecture, aux aguets, me maudissant de prêter attention à ces alertes imaginaires. L'épisode touche à sa fin et je me décide à en avoir le cœur net.

Figé, dans mon fauteuil relax, les jambes en l'air. Figé, dans le hall d'entrée, jetant des coups d'œil en haut ou au fond du couloir. Figé, à dix centimètres de la porte de la cave alors que depuis cette même distance, de l'autre côté, des murmures me parviennent. C'est le moment que choisissent les individus pour tenter de faire sauter le verrou figé par ma main deux heures plus tôt. Figé, je ne sursaute même pas. Je reste sur place quand mon cœur joue au yoyo entre mon ventre et mes yeux.

"Y a-t-il des rats par ici ?"
Oui, et bien plus gros que je ne le pensais.

La Chèvre a vaincu le loup, et elle se demande encore comment. Le Distrait a glissé sur la peau de banane, entraînant ses détracteurs avec lui. Le Grand Blond a esquivé toutes les balles. Mon Compère Richard a coincé les Fugitifs.

Papa, je vis un film que tu aurais adoré !

Chapitre 2

Voilà qui ne change rien

V

1, 2, 3, soleil

J'ai enfermé des gens dans ma cave. Écrit comme cela, ça fait gros dur, celui qui ne craint le danger et se fait justice lui-même. Ou psychopathe, le dérangé qui stocke ses réserves humaines sans y accorder plus de valeur qu'à un jarret d'agneau ou une côtelette de porc. Ou assassin. Ou super-héros. Enfin, tout le contraire de l'empathe émotif chronique que je suis.

J'ai enfermé des gens dans ma cave, par un pur hasard et sans même m'en rendre compte. Ça colle beaucoup plus à la réalité. Et ça m'a terrifié.

Tout au long de cette nuit sans sommeil, je me remémore en boucle les événements. Ils défilent devant mes yeux fatigués, parcourent mes nerfs à vif et font naître une de ces boules dans le ventre, celles que l'on sait inutiles mais dont on n'arrive que très (trop) tard à se débarrasser.

Seul le retour de la clarté du jour peut offrir un entracte relatif à cette angoisse. Et le jour est venu, enfin.

Je me rends au boulot, pas pour y travailler, j'en aurai été incapable. Plutôt pour y expliquer la situation et organiser la reprise de mes tâches de la journée par des collègues.

Je me revois quelques heures plus tôt, figé devant cette porte, cette simple séparation de bois qui me distance des intrus. Passées les quelques secondes de la partie d'"1, 2, 3, soleil", mes neurones reprennent leur mouvement aussi vite qu'ils ne s'étaient arrêtés. Je traverse le couloir, déverrouille la porte d'entrée en me précipitant et m'enfuis dans la rue. Je trouve abris derrière une voiture, à une centaine de mètres. Haletant, désorienté un peu, je ressors mon téléphone et compose le 101. Une impression de déjà-vu m'envahit. De déjà-entendu aussi.

"Comment ça, ils sont encore là ? Mais Monsieur, ça fait trois heures que mes collègues sont intervenus...". La même voix que lors de mon premier appel, moins agréable et soutenante cette fois-ci. Me voilà forcé de la convaincre de la véracité de mes dires alors que je dois déjà me persuader moi-même que je ne rêve pas.

- Je ne comprends pas bien, ils sont dans la cave, c'est bien ça ?

- Oui, plus pour très longtemps à mon avis.

- Et vous êtes cachés chez vous ?

- Non, je suis dans la rue.

- Ils sont combien ?

- Je ne sais pas... Au moins deux.

- Mais... Vous ne les avez pas vu en sortant ?

- Non, je les entendu à travers la porte de la cave dans laquelle je les ai enfermés.

- Ah !? ils sont enfermés !?

Sur le moment, cela m'agace car je le lui avais dit d'emblée. Passons, c'est si improbable que je comprends qu'elle mette un peu de temps à percuter.

- Heu... Bon, mes collègues sont en route, tenez bon Monsieur.

Elle finit par m'envoyer à nouveau les renforts et me laisse patienter seul dans cette rue déserte, entre une voiture et un muret, entre froid et angoisses.

"Tenez bon Monsieur". Ça fait froid dans le dos quand on entend ça, croyez-moi. Mais que pouvait-elle dire d'autre ?

"Bonne soirée" ? Certainement pas.

VI

Alea jacta est

Je n'ai plus aucune notion du temps écoulé, mais l'attente est plus insupportable à chaque milliseconde qui passe. Je me projette la vision des voyous triomphant du maigre verrou qui les retient prisonniers provisoires. Je les imagine déboulant dans la rue. Par où iraient-ils ? Remonteraient-ils vers la gare ? Descendraient-ils en direction du centre-ville... Donc vers moi ? Me chercheraient-ils ?

Mais rien ne se produit. Tout est anormalement silencieux. Je me surprends même à penser que j'ai peut-être inventé ces bruits, ces voix. Mon imagination débordante m'aurait encore joué un tour. J'espère que tout cela soit faux. Je pense aux excuses que je fournirai aux policiers qui découvriront le vide là où mon esprit me jurait avoir entendu des hommes.

Deux combis finissent par débouler à toute vitesse, me sortant de mes considérations. *Alea jacta est.* De Pierre Richard aux films d'action, il n'y a qu'un pas. Les scènes y sont parfois plus vraies que nature et j'ai l'occasion de m'en rendre compte. Par exemple, j'ai toujours cru que le son des glissières d'arme à feu y était exagéré. Pas du tout. Après le crissement des pneus, des ouvertures de portières à la hâte, les "CLAC-CLAC" déchirent le manteau silencieux de la pénombre. On ne joue plus.

Quand les agents réapparaissent, revolvers rangés dans leurs fourneaux, ils escortent deux individus menottés.

Les gabarits ? Je vous laisse deviner...

Un grand bedonnant et un petit trapu. Les silhouettes aperçues la veille. Un grand dadet et un petit nerveux, presque un cliché. Je ne les avais observés que de dos la veille, de profil et au loin à la sortie de leur cachette, mais quand leurs visages apparaissent brièvement à l'arrière du VW Transporter qui repart aussi vite qu'il était apparu, je recolle immédiatement le recto et le verso.

Je n'ai donc pas rêvé, et consciemment ou pas, c'est moi qui les ai arrêtés.

VII

C'est votre dernier mot ?

Je m'écroule sur le trottoir tandis que la tension retombe.

Je frappe le sol et lâche quelques jurons. Mes jambes flageolent,

les nombreuses excuses de la cheffe de l'intervention me passent

au-dessus de la tête.

- Nous sommes désolés, je ne sais pas quoi dire

  d'autre...

- Je pense qu'il n'y a rien d'autre à dire.

Je me surprends à répondre si sèchement à une

représentante des forces de l'ordre.

Ils avaient fouillé toute la maison, avaient même eu la

preuve auditive de la présence des intrus mais n'avaient pas mis

la main dessus. Ils étaient partis, me laissant seul avec eux. Une

seule pensée occupe ma cervelle : que serait-il arrivé sans le

concours de circonstances menant à leur séquestration dans la

cave ?

En rentrant chez moi, après mon passage éclair au boulot, je m'ouvre une nouvelle bière. Respirer. Enfin, essayer. Cette nuit a été déroutante jusqu'au bout.

Aux alentours de quatre heures du matin, un appel entrant m'avait à nouveau sorti, non pas du sommeil, mais de la monotonie tendue d'une fin de nuit après la tempête. "Je me doutais que vous ne dormiriez pas", m'annonce fièrement le commissaire adjoint. Bien vu l'artiste. Il a du temps, et voudrait profiter du calme nocturne pour compléter ma déposition au vu des derniers rebondissements. Mais surtout, avant de me rendre à l'antenne d'Ottignies, j'ai une mission, sur laquelle il insiste fort : refaire le tour de la maison afin de m'assurer que rien n'a disparu et rien d'autre n'a été détérioré.

- Ils étaient ivres, peut-être ont-ils consommé l'une ou l'autre bouteille de votre réserve ?

Je peine à garder mon sérieux à l'idée de ces hommes enfermés ne trouvant réconfort que dans des alcools entreposés là par les anciens-anciens-anciens-anciens occupants des lieux et n'ont jamais été déménagées. Les pauvres.

- S'ils ont consommé quoi que ce soit qui se trouvait dans cette cave, je crains pour l'état de vos cellules demain matin, Monsieur.

Cela ne fait visiblement rire que moi.

- Bon, vérifiez toujours, on ne sait jamais. Je vous attends dès que possible.

Je me suis rendu compte de l'importance que cela avait à ses yeux en découvrant son visage déçu à mon arrivée : non, rien n'avait disparu. C'est votre dernier mot ? Oui. Ah non, la porte de la cave a quelque peu souffert sous les coups de butoir des forcenés désemparés. Maigre consolation dont le commissaire adjoint devra se contenter. Je comprenais cependant parfaitement la situation et ses conséquences. Il y a une différence de traitement entre une intrusion et un vol par effraction. Les auteurs seront sans doute libérés dès le lendemain et n'encourent finalement pas grand-chose.

Je n'allais quand-même pas mentir sous serment pour enfoncer des gens pour ce qu'ils n'avaient pas fait, si ? Pierre Richard ne l'aurait pas voulu, je crois.

À part du bois déformé et une vitre brisée – anecdotiques –, les seuls dégâts avaient eu lieu dans ma tête. Je tiens d'ailleurs, à l'étonnement de l'homme en bleu, à mentionner le préjudice moral dans ma déclaration. Apparemment cela ne se fait pas habituellement et n'y changera rien. Ma santé mentale est visiblement moins importante aux yeux de la justice qu'une bouteille périmée depuis des lustres.

VIII

Bêtes mais pas méchants

Seulement, un préjudice moral n'est pas quantifiable. Et je n'en mesurais pas encore l'ampleur. Ni la police, ni la justice ne m'aideront. Une membre de la cellule psychologique est bien passée me voir, quelques jours plus tard. La dame m'a informé des circonstances des faits, ou du moins ce qu'elle pouvait en dire. Les deux intrus sont connus de leurs services. Ils squattent une autre habitation de la commune et sont sous la menace d'une expulsion imminente. La maison dans laquelle je loge est vieille, pas la plus entretenue de la rue. Il faut être lucide, je ne peux pas condamner ces gens d'avoir pensé qu'elle était inhabitée.

Des squatteurs en quête d'un nouveau toit, pas des cambrioleurs armés et violents. "Bêtes mais pas méchants", des mots de la policière.

Voilà qui change tout, voilà qui ne change rien.

Qui ne change rien à mes innombrables nuits émaillées de crises d'angoisse. Qui ne change rien à mon sentiment d'insécurité permanent. Rien à mes réflexes de surveillance exagérés, quand je quitte mon lit toutes les cinq minutes pour vérifier chaque recoin de la maison. Rien aux quantités de bières englouties le jour pour m'empêcher de penser, le soir jusqu'à l'effondrement pour parvenir à dormir. Rien à mes sursauts au moindre bruit.

Voilà qui ne change rien non plus à la terreur ressentie lorsque, quelques semaines plus tard, je croise les regards d'un grand dadet et d'un petit nerveux au détour d'un rayon de supermarché. Ces regards qui se cherchent pour mieux s'éviter quand ils entrent en contact. Ces regards qui veulent dire : "Je te reconnais et j'espère que tu ne m'as pas reconnu". Ce jour-là, grand gaillard que je suis, j'ai demandé à un inconnu de m'accompagner pour ranger mon caddie.

Voilà qui ne change rien aux embûches, aux progrès, aux changements, aux rechutes. À la dépression, l'alcoolisme, les cures de sevrage, les tentatives de suicide, une nouvelle vision du monde, une confiance perdue, retrouvée, reperdue et retrouvée. À une renaissance.

Ce moment de vie improbable, je le raconte aujourd'hui mais ce n'est pas le plus important. Ces péripéties ne constituent en rien un début ou une fin, ni une cause ou une conséquence. En faire un moment-clé de mon existence serait sans nul doute une exagération.

Car ce que je veux partager avec vous, c'est un parcours de vie. En ressortir le beau, amener à la réflexion et, dans le meilleur des cas, sortir les intrus de vos caves intérieures pour vivre mieux avec vous-même.

Je m'appelle Matthieu, j'ai trente-et-un ans. J'ai enfermé des gens dans ma cave il y a deux ans et, deux ans plus tard, c'est moi qui en suis sorti.

Chapitre 3

L'oiseau sur sa branche

IX

La chute

Deux oiseaux viennent se poser sur la plus fine branche d'un hêtre majestueux. Deux merles en bonne santé physique et parfaitement identiques en apparence. Le premier est hésitant et timoré. La frêle ramification depuis laquelle ils guettent les environs est-elle suffisamment solide pour supporter leur poids ? Il craint qu'elle ne cède, les entraînant tous deux dans sa chute.

Le second est serein, il sifflote à qui veut l'entendre sans rien se préoccuper d'autre que de son plumage et son prochain repas.

La branche finit par céder. D'un même élan, les deux comparses déploient leurs ailes pour s'élever gracieusement dans les airs.

Cette petite fable, certes innocente, nous apprend pourtant beaucoup sur la façon dont nous gérons intérieurement le sentiment de peur, et son indéfectible lien avec la confiance en soi. Je m'en explique.

X

La peur de ce qui n'est pas

Lorsque des malfrats se sont introduits chez moi, j'ai eu peur. Quand je me suis rendu compte de les avoir enfermés dans ma cave par un concours de circonstances improbable, j'ai eu peur également. En attendant l'intervention de la police, j'ai eu peur, par deux fois, qu'ils ne s'en prennent à moi. En découvrant le canon d'un revolver pointé sur moi lorsqu'un policier a débarqué dans ma chambre, j'ai eu peur.

Ces peurs-là sont légitimes et répondent à la menace d'un danger avéré, imminent.

J'ai aussi eu peur toutes les nuits pendant plus d'un an, sursautant à chaque bruit, réduisant ma respiration à peau de chagrin pour mieux écouter, courant d'une fenêtre à l'autre, suffoquant d'angoisse, immobilisé en haut d'un escalier ou dans l'entrebâillement d'une porte, guidé par mes troubles obsessionnels compulsifs. J'ai eu peur d'être agressé à chaque coin de rue. J'ai eu peur de rester seul. Peur de ne jamais surmonter ces événements.

Ici, le danger est une projection de ce qui pourrait arriver, en l'absence de toute menace réelle. Une large majorité des peurs ressenties par tout un chacun fait partie de cette catégorie. Certains les appellent psychologiques, des angoisses liées à des traumas, en opposition à la peur du danger réel. Au fond, cela ne change pas fondamentalement la façon dont nous pouvons les vivre au mieux.

XI

Confiance en ses ailes

Pendant longtemps, et déjà bien avant ces aventures, j'étais ce premier merle, craintif et hésitant. J'étais persuadé que la branche sur laquelle je reposais pouvait céder à tout moment et m'entraînerait inévitablement dans la chute. Je haïssais mon congénère qui, lui, ne s'en souciait guère. Il semblait ignorer le danger, ne pas s'apercevoir du vide sous nos pattes, n'avoir pas plus peur de la chute que de la mort – la peur à la base de toutes les peurs. Pire, ses gesticulations me mettaient moi-même en danger. Paradoxalement, je me haïssais aussi de ne pas lui ressembler plus.

Mais qu'est-ce qui différencie réellement ces deux oiseaux ? Une manière d'être ? Une philosophie de vie ? Une éducation ? Pas vraiment.

La réponse est à la fois plus simple et plus ancrée dans la conscience et l'inconscience d'une personne : la vraie différence, c'est la confiance en soi.

Le deuxième merle ne doute pas ; il a confiance en ses ailes. Il sait pertinemment que même si la branche venait à rompre, il n'aurait qu'à les déployer pour s'envoler et s'arracher au vide avant de choisir sereinement un autre perchoir.

Cela ne change par ailleurs en rien la capacité effective de réaction d'une personne. L'oiseau craintif n'a pas plus de difficultés à voler que son comparse.

XII

Confiance en soi

Jusqu'il y a très peu de temps, je pensais qu'avoir confiance en soi, cela signifiait se croire, ou même se savoir, meilleur que les autres. J'admirais ces personnes prêtes à écarter tout contrevenant de son passage en bombant le torse. Comment font-ils pour avoir cette assurance que je n'aurai jamais ? J'idolâtrais quiconque se pavanait en soirée du haut de son ivresse et provoquant rires et exclamations sous son air satisfait de lui-même. Je me vois encore souhaiter durant l'enfance d'être en 2010, l'année de mes seize ans. Là, c'est certain, j'en imposerais, je serais parmi les dominants dans la cour de récré. J'entends les "personne ne nous vaut" prononcés presque traditionnellement dans ma famille paternelle, dans un ton d'humour qui, de ma perception, cachait au moins un brin de conviction.

Je n'étais pas cela, je voulais l'être pourtant. Alors, on se compare sur tous les points et l'on tente de trouver sa supériorité dans son domaine. En quoi suis-je le meilleur ? Heu... Réfléchissons.

J'ai souvent été bon. Dans de nombreux domaines. Mais jamais le meilleur.

J'ai été bon à l'école quand je le voulais. J'étais le meilleur de ma classe en mathématiques, peut-être même de toutes les classes de mon année quand j'avais 13 ans. Mais lors des Olympiades de maths, me confrontant à toute la Wallonie, je n'ai même pas atteint la finale... Zut, pas ici que je suis le meilleur.

J'ai été bon en sport aussi. J'ai pratiqué le tennis, le triathlon, le football comme joueur de champ et le futsal en tant que gardien. J'ai gagné des sets, pas assez à mon goût. J'ai parfois nagé, roulé, couru vers des podiums quand la concurrence n'était pas trop féroce. J'ai marqué des goals à mon petit niveau, en ai manqué beaucoup. J'en ai arrêté sur ma ligne, le ballon ma parfois glissé des mains.

J'étais le plus beau des habitants de ma chambre, certainement pas du quartier. J'étais le plus chanceux aux jeux dans la famille mais n'ai jamais gagné au loto. J'ai gagné des billes jusqu'à ce que je tombe sur plus adroit.

Tout cela pour dire que tant que l'on tombe dans l'écueil de la définition de la confiance en soi par la comparaison, on est perdant. Toujours. Maintenant ou plus tard.

Dans notre époque actuelle, ce sentiment est bien évidemment exacerbé par la compétition constante des réseaux sociaux. Chacun y exhibe exclusivement ses meilleurs moments, ou parfois ses pires expériences. Surtout jamais d'entre-deux, de fade, de "j'ai une vie normale, regardez !".

Il m'a fallu trente années révolues pour comprendre ceci : j'aurai confiance en moi le jour je serai en accord avec moi-même. Le jour où je connaîtrai mes forces et mes faiblesses intrinsèques, et non relatives aux autres. Où je les accepterai, surtout. Le jour où je prendrai pleinement conscience de mes capacités et de mes limites, ma zone de confort - extensible - au sein de laquelle je suis à même de déployer mes ailes en cas de nécessité.

Le jour où je serai moi-même. Le jour où je serai capable d'écouter tout ce qui vit en moi, sans exception.

XIII

A la gueule du noyé

Je n'affirmerai plus jamais que les deux intrus qui ont pénétré ma demeure ce soir-là étaient la cause de mon manque de confiance en moi. Je ne me poserai plus jamais en victime face à la fatalité des événements qui m'ont, je le croyais, façonné depuis ma plus tendre enfance. Je n'ai été victime ni des autres ni des choses, seulement de la manière dont je craignais et réagissais à ce qui se trouvait sur ma route.

A l'âge de 12 ans, je me suis coupé de ce que j'étais dans l'unique but de me conformer à ces merles qui chantent, ceux pour qui la confiance est naturelle ou feinte, ou qui cofondent arrogance et confiance. Et me suis perdu. Je me suis coupé de ma curiosité naturelle, de mon enthousiasme débordant, de mes envies les plus profondes. A l'âge où l'on se forge une personnalité, je me suis enfermé dans la peur du regard de l'autre, comme si ma vie en dépendait. Je me suis muré dans le silence et des airs d'indifférence. J'ai oublié mes sentiments et mes émotions, au sens littéral : je ne savais plus ce qu'étaient joie et tristesse, je ne reconnaissais plus la colère et la peur. Ces quatre émotions de base sont pourtant essentielles à chacun et, sans les écouter, il est impossible d'être soi-même, confiant et en possession de ses moyens.

Très vite, j'ai trouvé en l'alcool une échappatoire idéale. Et ça fonctionnait très bien ! Grâce à lui, j'étais drôle, intéressant, je m'ouvrais, je pouvais parler aux filles – maladroitement -, on s'adressait à moi dans la cour d'école pour rappeler mes exploits du week-end. Grâce à lui j'oubliais un peu que j'avais peur et me conformais à ceux que je n'étais pas et ne serais jamais.

Grâce à lui, j'étais. Uniquement grâce à lui. Au fil des années, c'est devenu l'indispensable et seule condition de ma survie sociale, puis solitaire. Tout dans mon existence s'est mis à tourner autour de la programmation de ma prochaine canette, mon prochain drink entre collègues de classe, puis d'auditoire, puis de boulot, ma prochaine cuite entre amis. Sans cette bouée de sauvetage, j'étais une coquille vide de sens, vide de confiance en mes capacités à ressentir, agir, interagir. Une coquille de noix qui flotte à la surface en riant à la gueule du noyé.

Le noyé a fini par toucher le fond. Il a voulu abandonner, se laisser entraîner vers les abîmes par les torrents de bière, de honte et de mensonges. L'intrusion dans la maison n'est qu'une des nombreuses excuses justifiant prétendument sa détresse, autant de raisons de se laisser couler. Des mains, pourtant, l'ont agrippé. Plusieurs fois, le noyé leur a échappé, glissant et vaseux. Pour être sauvé, il faut d'abord le vouloir.

XIV

Le bon père de famille

Six mois avant l'épisode de la cave-prison, je vivais ma première hospitalisation en unité psychiatrique. Je pointe à la surface pour une bouffée d'air. Plus d'un an et demi plus tard, deuxième hospitalisation. Même unité pour même résultat : deuxième bouffée d'air. Je n'avais pas compris que le changement de comportement seul ne suffisait pas, qu'il fallait une métamorphose autrement plus profonde. Je n'ai pas compris, deux fois. Ces séjours cours ont été salvateurs. Je ne serais peut-être plus là pour en témoigner si les efforts déployés par les médecins, psychiatres, psychologues, infirmiers ou infirmières et autres accompagnants de ces unités de secours n'existaient pas.

Au troisième séjour, plus long cette fois et dans une autre clinique, j'ai découvert ce que je souhaite à chacun de découvrir ou de préserver, alcoolo ou non – il serait plus convenu de parler de personne ayant des troubles de consommation d'alcool, mais étant donné qu'une personne sur cinq en Belgique est concernée, allons au plus pressé –, jeune ou vieux, pauvre ou riche : pour bien vivre avec soi-même, il faut tisser un lien de confiance avec ses émotions. Cela peut paraître anodin, je le concède. Mais pour moi, qui me suis coupé tant que je le pouvais de me émotions pendant tant d'années, c'est une découverte digne de l'invention du lait en poudre, au minimum.

Il faut être à l'écoute de la peur pour pouvoir la calmer, la remercier de nous préserver du danger et définir nos limites. Il faut accueillir la tristesse pour tourner les pages, pour faire son deuil. Il faut digérer sa colère avec bienveillance, elle qui, souvent, est l'expression d'autres émotions sous-jacentes. Il faut profiter de la joie sans se laisser emporter dans les extrêmes de l'euphorie.

Agir en bon père de famille avec chacune des parties de soi, chacune de ses craintes, chacun de ses désirs, chaque fragment négligé de soi qui a droit à s'exprimer. Ni trop sévère ni trop laxiste. Ni culpabilisant ni indifférent. Confiant, tout simplement.

Bref, le contraire de ce que j'ai fait dix-huit ans durant.

Aujourd'hui pourtant, je suis fier de pouvoir écrire – pour rester dans le thème – que j'éprouve la tristesse de ne plus boire et la joie d'être abstinent, la peur de la rechute et la colère d'avoir trop bu.

Perché dans les feuillages du hêtre, je suis devenu le deuxième merle. La branche peut bien céder, je n'aurai qu'à m'envoler.

Chapitre 4

Nirvana

Dans le bouddhisme, tout ce qui existe se trouve soit dans le Samsara (cycle des renaissances successives générateur de souffrance), soit dans le Nirvana. Le Samsara est notre état d'existence traditionnel. Le Nirvana, quant à lui, est atteint lorsqu'on arrive à percevoir la réalité telle qu'elle est. La différence entre les deux est donc la présence ou l'absence des conceptions erronées qui engendrent la souffrance. – Larousse.

XV

Doux souvenir

La nuit précédant la rédaction de ces lignes, j'ai été rattrapé par la peur. Et je l'en ai remerciée.

Deux ans se sont écoulés depuis que j'ai enfermé des intrus dans ma cave. Deux ans depuis une vitre brisée, l'attente angoissante de l'intervention de la police, l'arme d'un agent pointée sur moi, les planches récupérées dans la cave, les trois heures passées dans celle-ci par les malfrats, l'incrédulité et le désarroi des forces de l'ordre lorsqu'ils les ont sortis de leur cellule de malchance pour les amener dans celle du commissariat.

Deux ans, pourtant la nuit dernière, je me suis réveillé en sursaut au beau milieu de mon sommeil. En sueur, tremblant, la respiration courte, comme sorti d'un cauchemar, j'ai dirigé instinctivement toute mon attention sur le moindre bruit pouvant m'indiquer une intrusion. J'avais entendu ce qui ressemblait à trois coups portés sur un mur.

Était-ce en rêve, une manifestation malencontreuse d'un voisin, le chauffe-eau qui se met en branle ? Je n'en ai aucune idée, ne le saurai jamais, et cela ne revêt pas d'importance. La peur était présente et j'en ai pris soin. Je me suis levé, ai fait un rapide tour du petit appartement que j'occupe désormais, me suis recouché pour replonger dans les doux bras de Morphée.

En somme, j'ai accepté ma peur, lui ai donné toutes les raisons de s'apaiser, avant de la remercier de me préserver du danger – bien qu'imaginaire dans le cas présent. La branche sur laquelle je reposais a cédé et, plutôt que de me laisser tomber dans le vide de la panique dont on n'apprend rien, j'ai déployé mes ailes pour m'élever et atterrir sur une autre, plus solide. Comme un élargissement de ma zone de confort offerte en retour par mes émotions pour les avoir écoutées.

XVI

The animals I've trapped have all become my pets

"Les animaux que j'ai piégés sont tous devenu mes animaux de compagnie" - *Something in the way*, Nirvana.

Les émotions que j'ai apprivoisées sont toutes devenues mes amies.

Mon intime conviction est que la clé de l'équilibre spirituel et de la sérénité réside dans la cohabitation apaisée entre nos émotions, nos autolimitations, nos pensées et le monde extérieur.

À y réfléchir, ces éléments sont en quelque sorte une vulgarisation et appropriation des théories freudiennes.

Le premier incarne le "Ça", défini comme la partie la plus pulsionnelle de l'être, ne répondant à aucune organisation ou logique, sans volonté et souvent sans conscience. "Une marmite pleine d'émotions bouillonnantes", des dires du psychanalyste.

Le deuxième se rapporte au "Surmoi", ensemble de lois morales sous-jacentes aux interdits – effectifs ou autodictés – hérités de l'enfance.

La pénultième notion renvoie au "Moi", représentant de la raison et de la réflexion et médiateur absolu entre ses pulsions (Ça), l'intériorisation des interdits (Surmoi) et le monde extérieur.

Les animaux que je piège ne sont apprivoisés que si mes limites morales et comportementales me permettent de les reconnaître, les accepter et leur laisser place suffisante dans mes pensées. Il est donc parfois primordial de démanteler certaines croyances ancrées en soi afin de laisser ses émotions s'exprimer. Cela ne signifie cependant pas qu'il faudrait faire disparaître tout principe moral, au risque de n'agir finalement qu'au gré de ses pulsions. Plutôt qu'il faudrait faire le tri dans ses convictions acquises consciemment ou pas au fil du temps - en particulier celles pernicieuses résultant de traumas - et faire de celles que l'on souhaite garder des valeurs fondamentales.

XVII

Peur de la peur

Pour en revenir au concret, prenons l'exemple de l'objet de ces écrits.

J'ai toujours cru jusque-là qu'il était de mauvais ton d'exprimer sa peur, que cela entraînait inévitablement un jugement négatif de la part des autres, qu'il fallait à tout prix la taire et se montrer fort. Alors, la nuit lors de laquelle j'ai enfermé ces gens dans ma cave, j'en ai rapidement ri avec les policiers suite à leur première intervention. J'en ai ri, m'en suis presque vanté, auprès de mes amis à qui je voulais tout raconter le plus vite possible, pas pour exorciser la peur mais pour l'envie de leur faire penser : "Waw, c'est incroyable ce que tu vis !". La peur du danger était à ce moment surpassée par la peur du regard extérieur et la joie d'avoir une histoire à raconter, de me rendre intéressant.

Ce faisant, je n'ai pas apprivoisé l'émotion principale de cette expérience. Mes autolimitations m'en empêchaient. La négation de ma peur n'a fait que l'alimenter et sa frustration de ne pas être comprise n'a fait que l'exacerber.

Deux ans plus tard, le chemin parcouru m'a détaché du regard des autres, m'a donné la confiance suffisante pour dévoiler à mes yeux et aux leurs l'intensité instinctive de mes réactions émotionnelles. Ainsi, la nuit dernière, j'ai été en capacité d'accueillir ma peur telle qu'elle était : pas plus, pas moins. Et elle m'en a remercié, me montrant le chemin vers un confort plus large et une confiance renforcée.

Bien que le vécu d'une personne influence fortement les zones concernées par des limitations excessives, ce raisonnement vaut pour toutes les émotions. La tristesse, la colère, la peur, moins évidemment la joie aussi, et leurs innombrables nuances et déclinaisons. Je ne peux prétendre, et personne ne le peut, les avoirs toutes reconnues, ni même acceptées et encore moins apprivoisées. Mais chaque nouvelle sensation, positive ou négative, est une chance de les découvrir et d'étendre l'entente entre soi et le monde. De cela, j'en ai la certitude.

XVIII

Ce qui est

Je ne prétendrai jamais que les événements vécus il y a deux ans ont été les déclencheurs d'une prise de conscience. Je n'affirmerai pas que la consommation problématique puis l'arrêt de l'alcool aient eu une importance primordiale dans ma gestion émotionnelle de cette épreuve. Je ne pense certainement pas être plus avancé qu'un autre dans mon développement personnel et spirituel grâce à mon vécu. Et je refuse de croire que j'atteindrai un jour le Nirvana.

Atteindre le Nirvana, ou du moins en prendre la direction, c'est calmer tout ce qui est conditionné, abandonner toutes les fêlures et arrêter d'en faire des souffrances. C'est accepter ce qui est. Pourtant, je ne le vois pas comme étant une démarche figée ou définitive. Elle fluctue au fil et des expériences et des contacts avec le monde extérieur à soi. Elle est forgée par notre capacité à écouter nos envies et sentiments. Elle est circonscrite pas nos valeurs et principes, toujours en mouvement. Elle est dépendante de la bienveillance et de la confiance que l'on s'accorde.

Je n'attendrai jamais le Nirvana. Simplement, j'en suis sur le chemin, comme tous, plus ou moins avancés dans des directions divergentes mais toutes valables. Le tracé est tortueux mais les paysages sont à couper le souffle, ça vaut le détour ! Aux falaises à gravir et aux culs-de-sac à rebrousser se succèdent les plaines verdoyantes de tranquillité. Simplement, si j'écris ces lignes, c'est pour inviter chacun à prendre la route. Sans obligation ni contrainte. De toute manière, vous n'y serai jamais le meilleur du monde, juste le meilleur de vous.

Je m'appelle Matthieu, j'ai trente-et-un ans. J'ai enfermé des intrus dans ma cave il y a deux ans. Cela m'a traumatisé, j'en ai souffert. Mais ne vous inquiétez pas pour moi, je suis en marche vers le Nirvana.

Merci à toutes celles, ceux, ce que j'ai rencontré dans ma vie.

Merci à tout ce qui a fait de moi ce que je suis aujourd'hui.

Juste moi-même, ni meilleur ni pire qu'un autre.

Merci à mes parents dont l'éducation, l'indéfectible affection, soutien,
et accueil m'ont été salvateurs.

Merci à mes frères et sœurs, mes trois exemples, mes trois piliers.

Merci à mes amis, la famille que j'ai visiblement très bien choisie.

Grand merci à Sarah.

Merci aux forces de l'ordre pour leur intervention très rapide, moins
pour leur méticulosité.

Enfin, merci à vous, lecteurs, qui que vous soyez.

Ma plus belle récompense serait que, pour une personne au moins, ce
récit ait ne fût-ce qu'une partie de la résonnance que ce parcours a eu
pour moi.

Matthieu Percy est auteur avant tout, que ce soit en chanson ou en littérature. Ce court récit très personnel est annonciateur de la sensibilité qu'il apportera à son premier roman à venir (attention spoiler sur le titre) : "J'irai mourir sur Mars"

Si ses textes vous ont touché, découvrez-en plus de son univers :

➢ matthieupercy-scriptamanent.be

Ses chansons vous attendent sur toutes les plateformes de streaming légales.

Ses futures œuvres littéraires sont en cours de rédaction ... rendez-vous le temps venu !

À bientôt pour de nouvelles aventures littéraires,

Tendrement vôtre,

Matthieu